LIU FU

ÉTUDE EXPÉRIMENTALE

SUR LES

TONS DU CHINOIS

FU LIU

ÉTUDE EXPÉRIMENTALE SUR LES TONS DU CHINOIS

PLANCHES

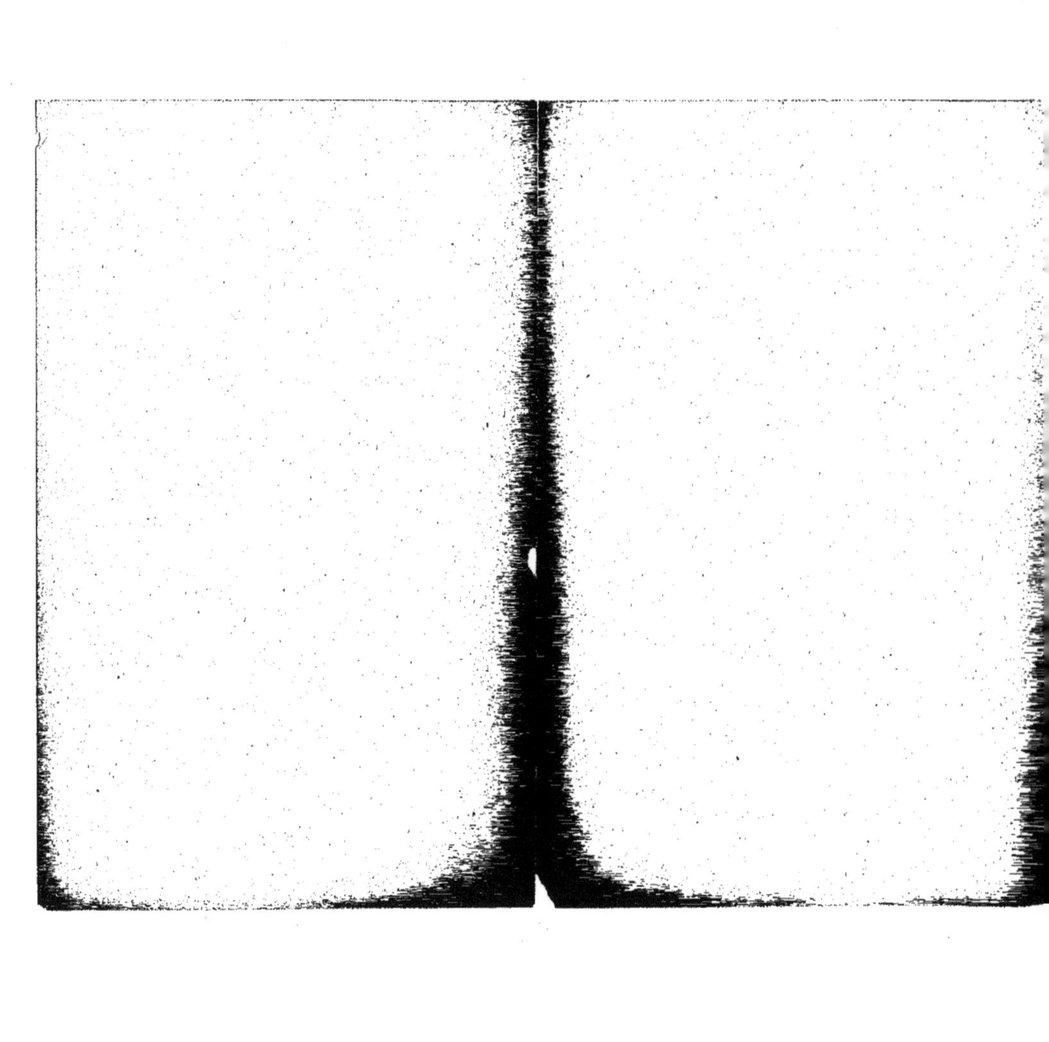

Pl. I.

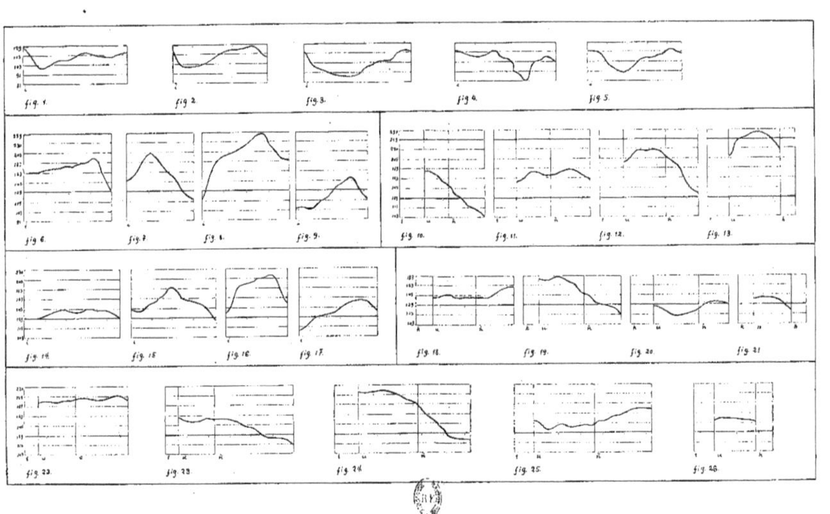

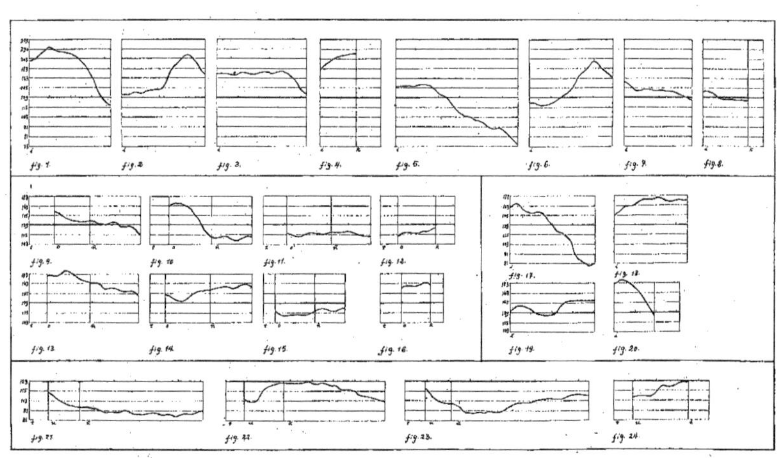
fig. 1
fig. 2
fig. 3.
fig. 4.
fig. 5.
fig. 6.
fig. 7.
fig. 8.
fig. 9.
fig. 10
fig. 11.
fig. 12.
fig. 13
fig. 14
fig. 15
fig. 16.
fig. 17.
fig. 18.
fig. 19.
fig. 20.
fig. 21
fig. 22
fig. 23.
fig. 24

Pl. III.

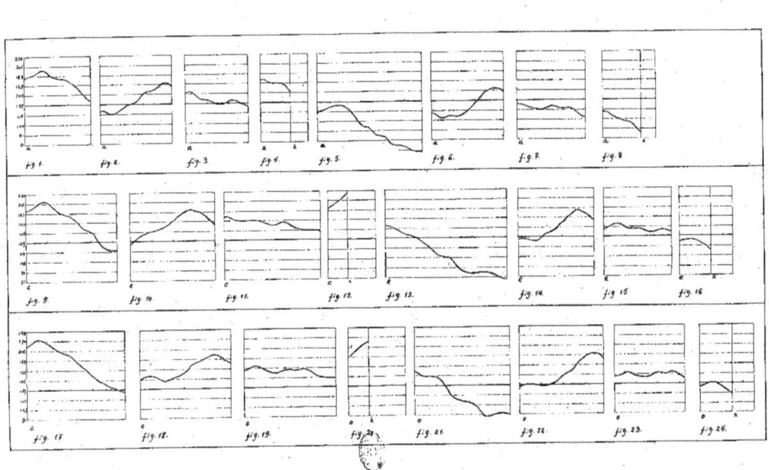

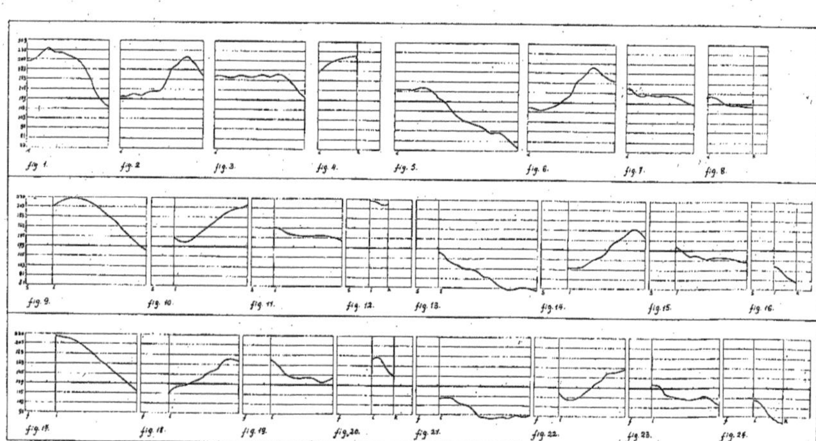
fig. 1.
fig. 2
fig. 3.
fig. 4.
fig. 5.
fig. 6.
fig. 7.
fig. 8.
fig. 9.
fig. 10.
fig. 11.
fig. 12.
fig. 13.
fig. 14.
fig. 15.
fig. 16.
fig. 17.
fig. 18.
fig. 19.
fig. 20.
fig. 21.
fig. 22.
fig. 23.
fig. 24.

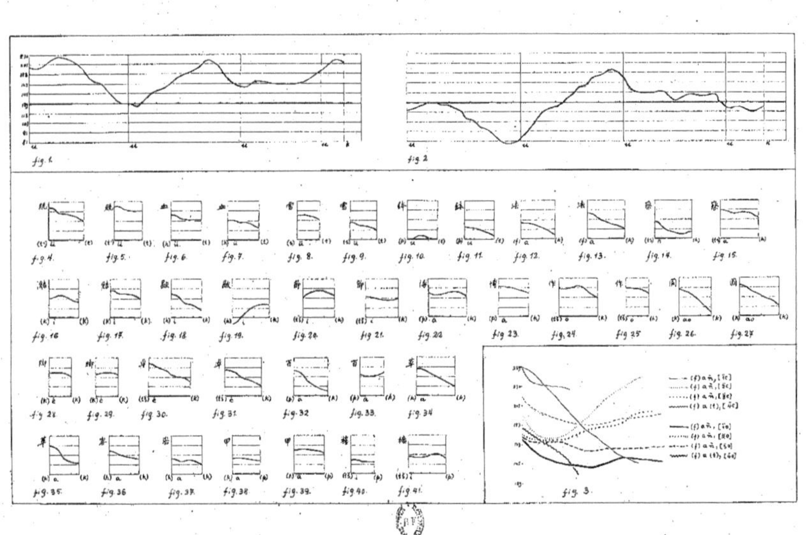

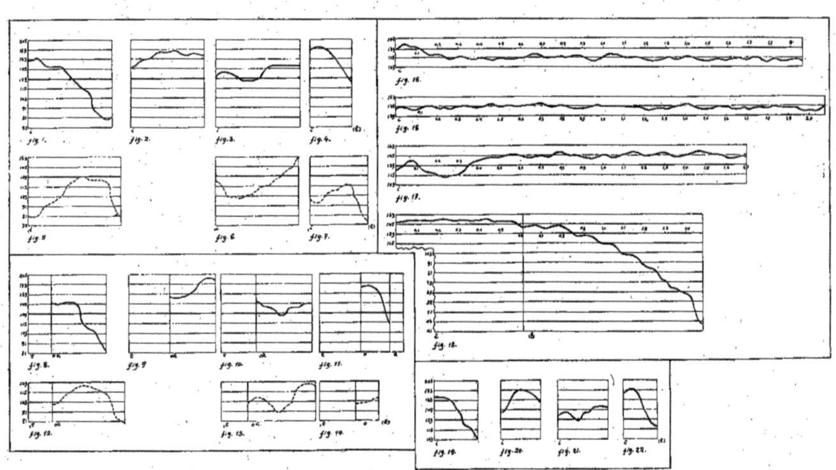

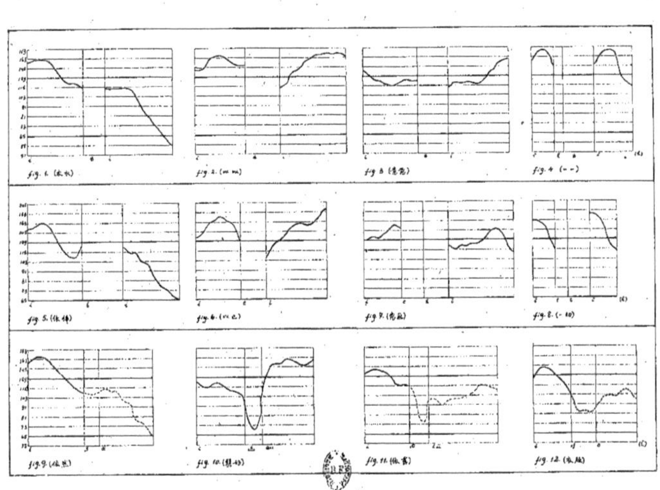

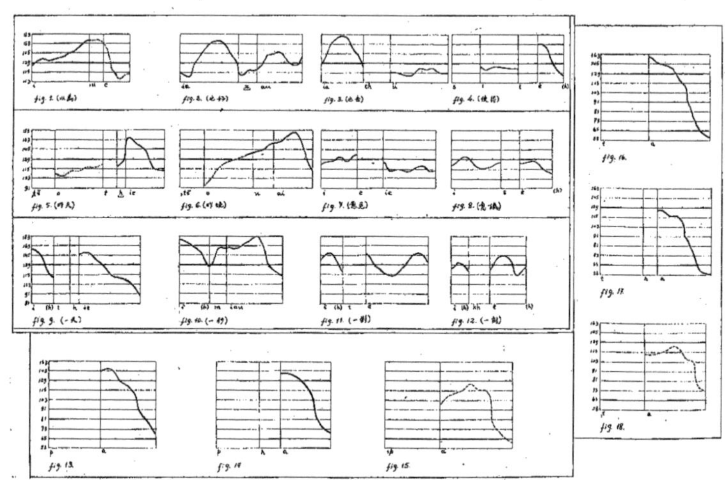

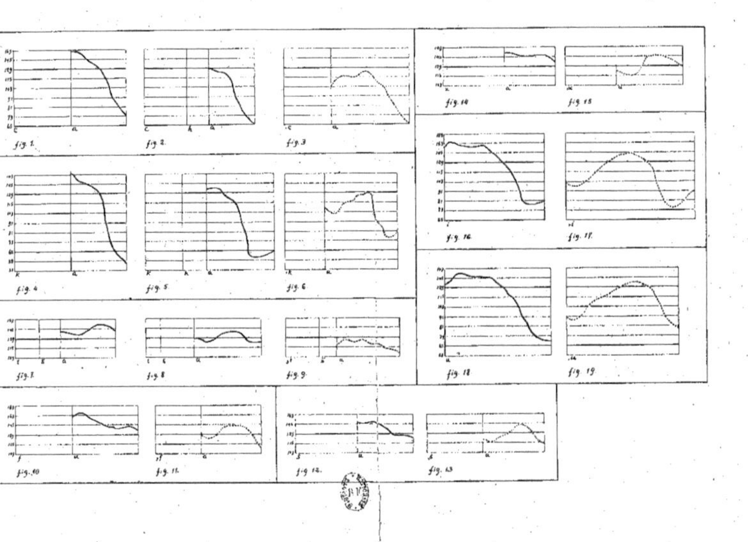
fig. 1
fig. 2
fig. 3
fig. 4
fig. 5
fig. 6
fig. 7
fig. 8
fig. 9
fig. 10
fig. 11
fig. 12
fig. 13
fig. 14
fig. 15
fig. 16
fig. 17
fig. 18
fig. 19

Pl. X.

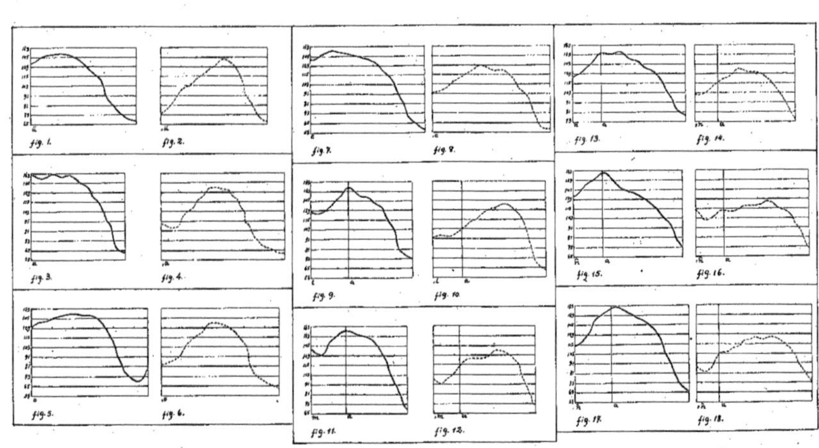

Pl. XI.

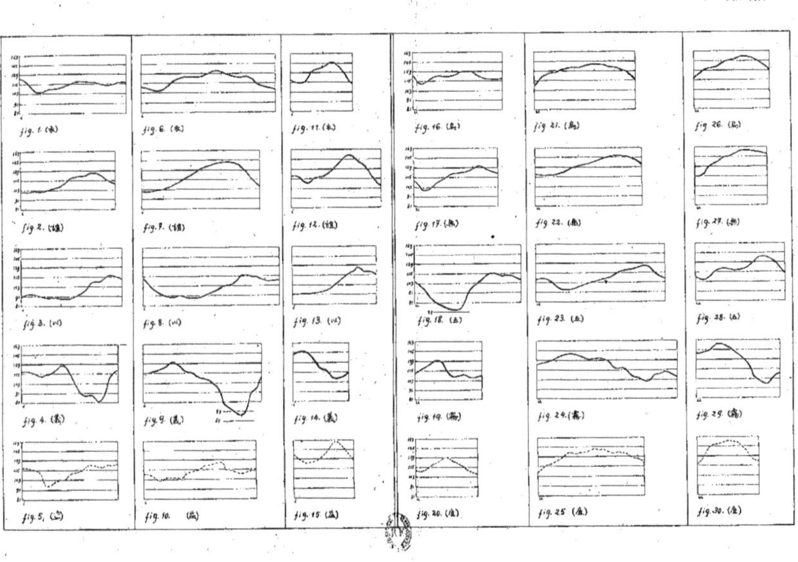

PL. XII.

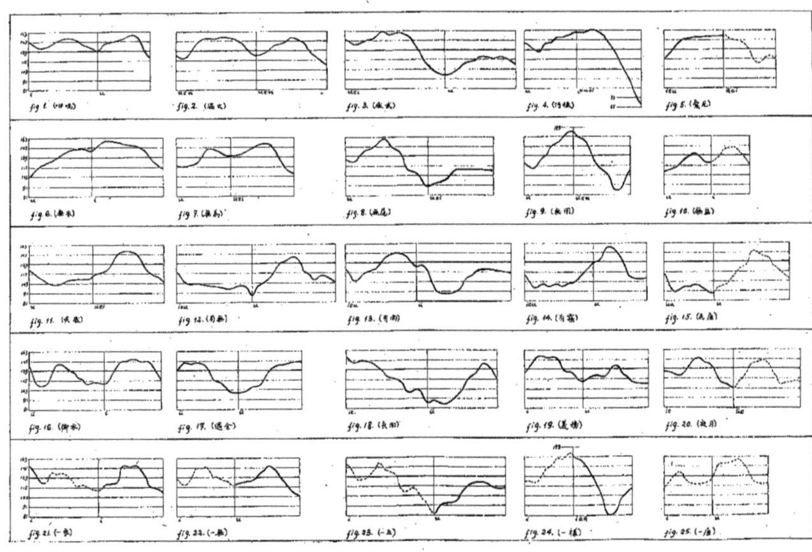

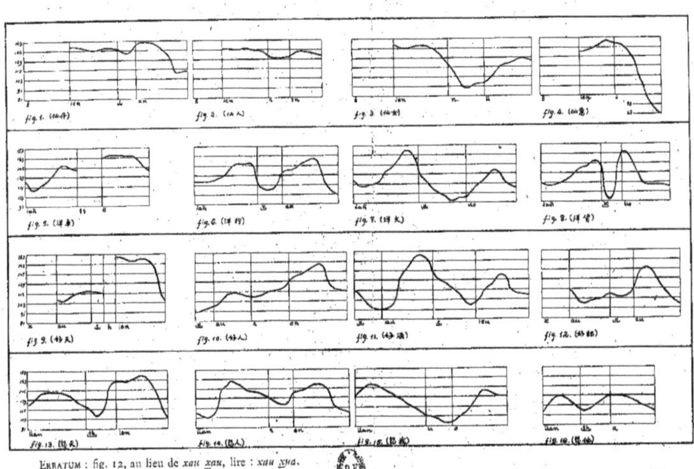

ERRATUM : fig. 12, au lieu de *xau xau*, lire : *xau xua*.

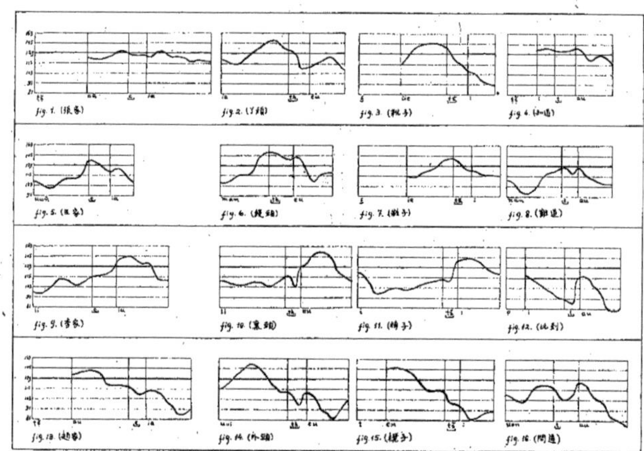

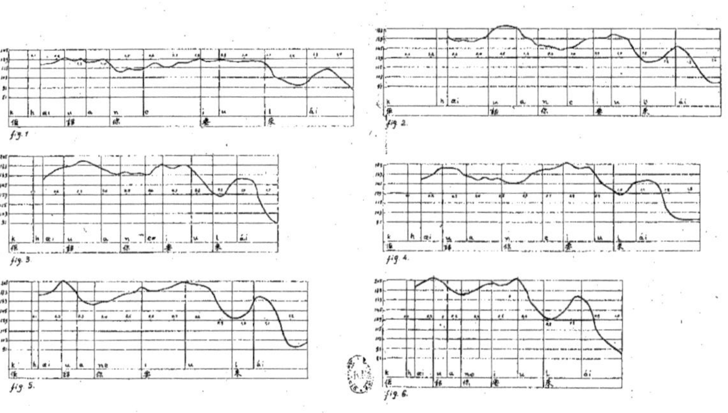

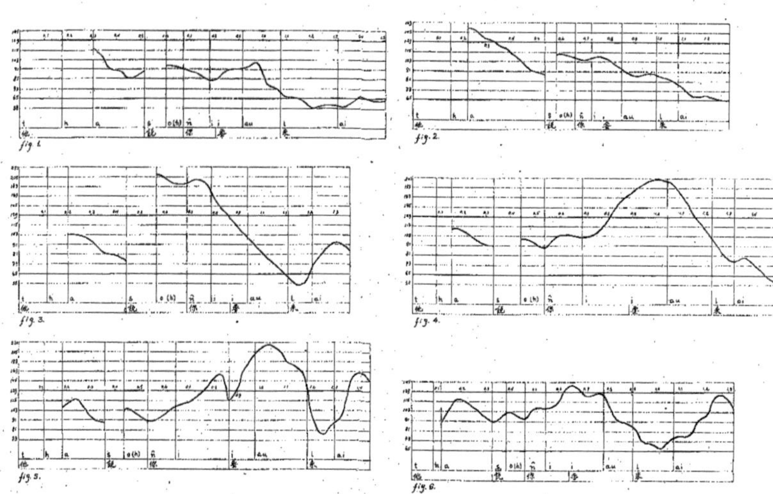

ERRATUM : au lieu de *lai*, lire partout : ,*lài*.

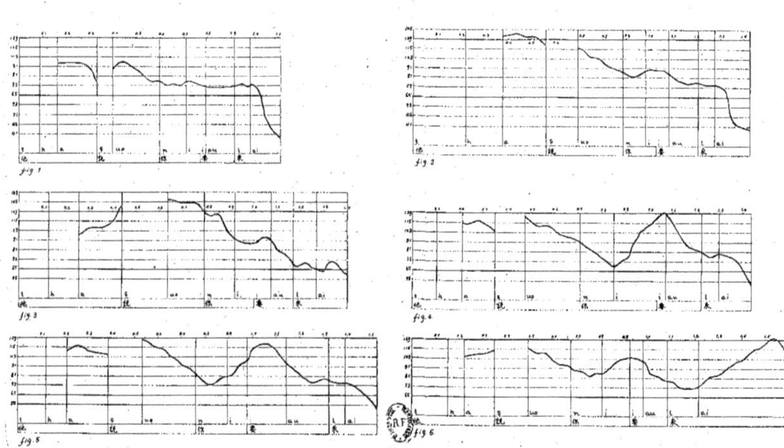
fig 1
fig 2
fig 3
fig 4
fig 5
fig 6

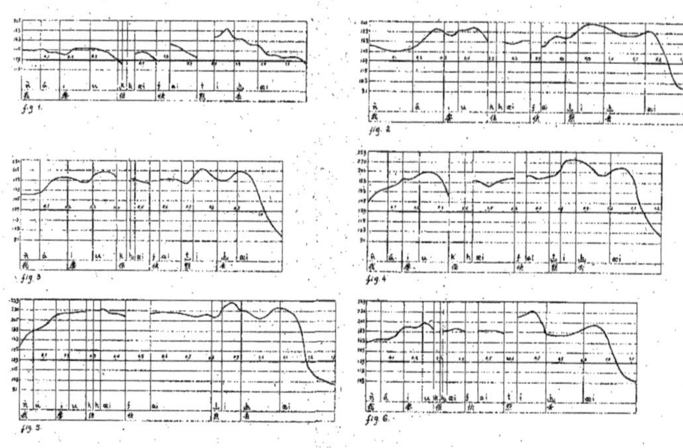

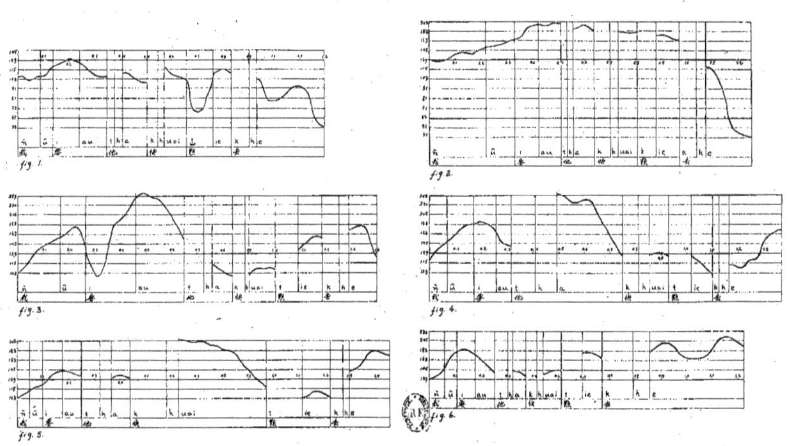

Pl. XX.

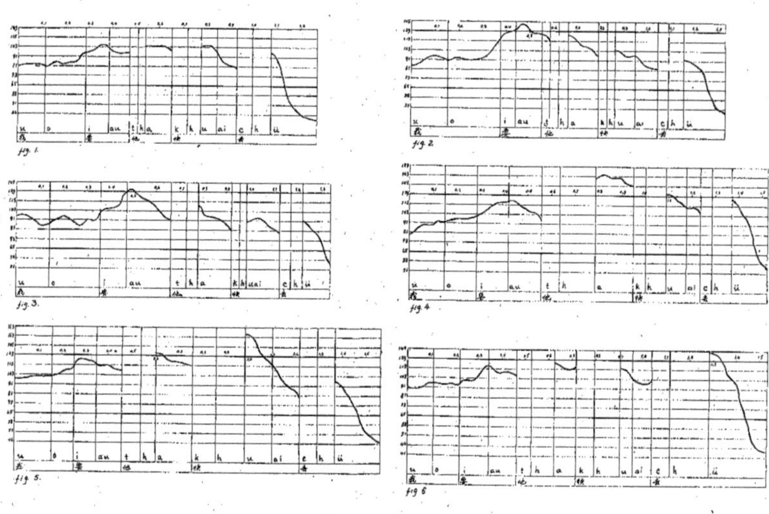

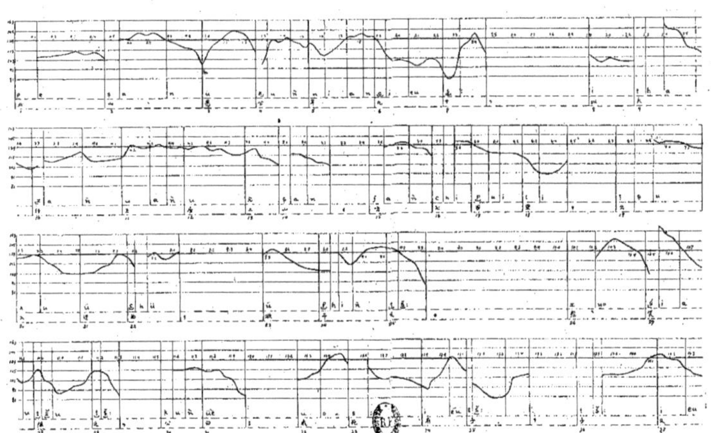

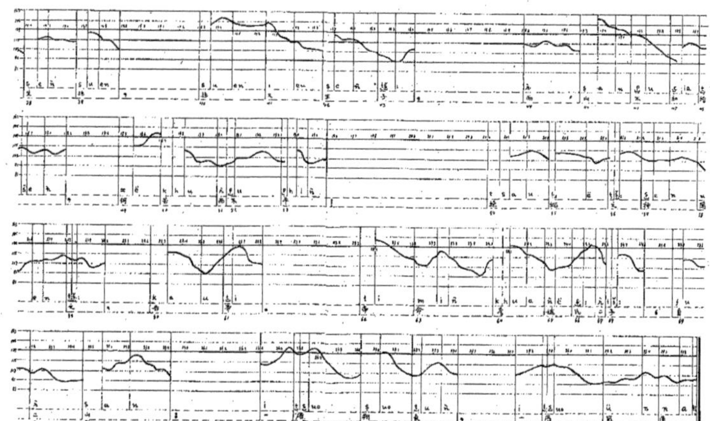

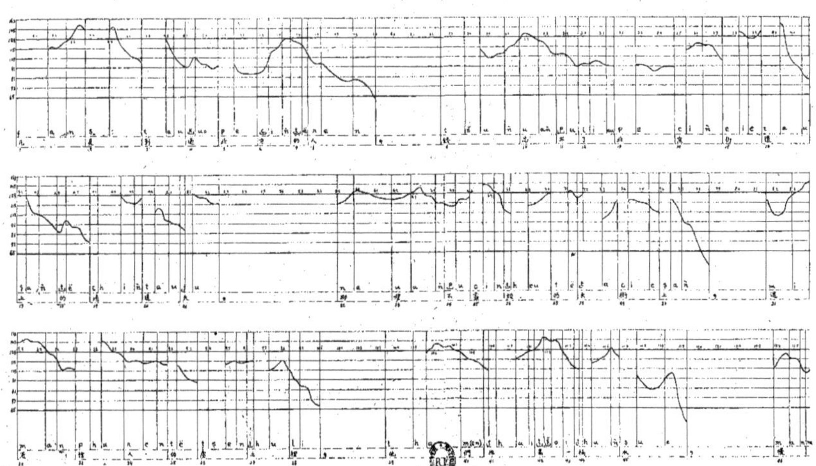

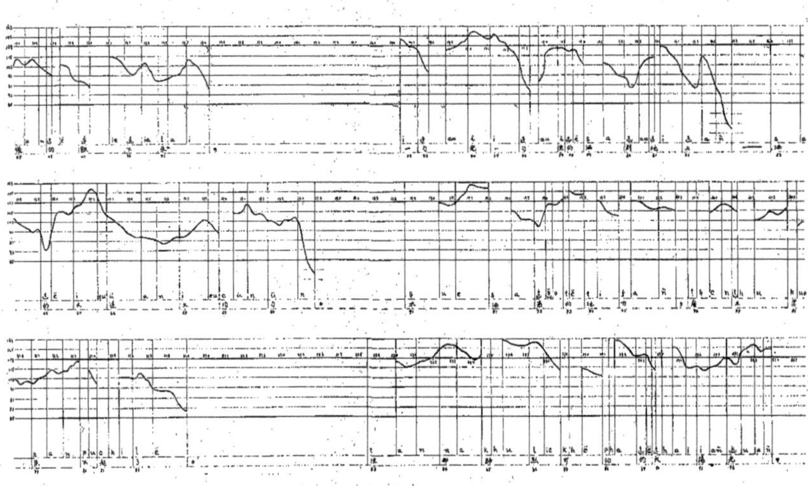

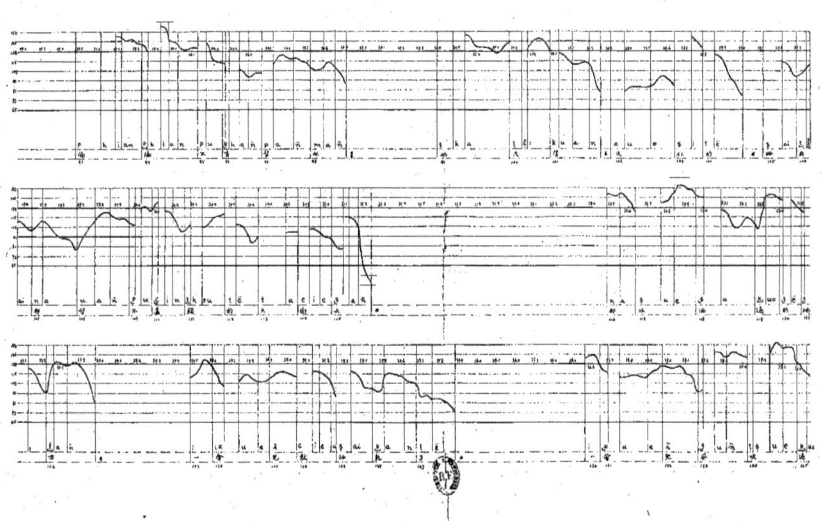

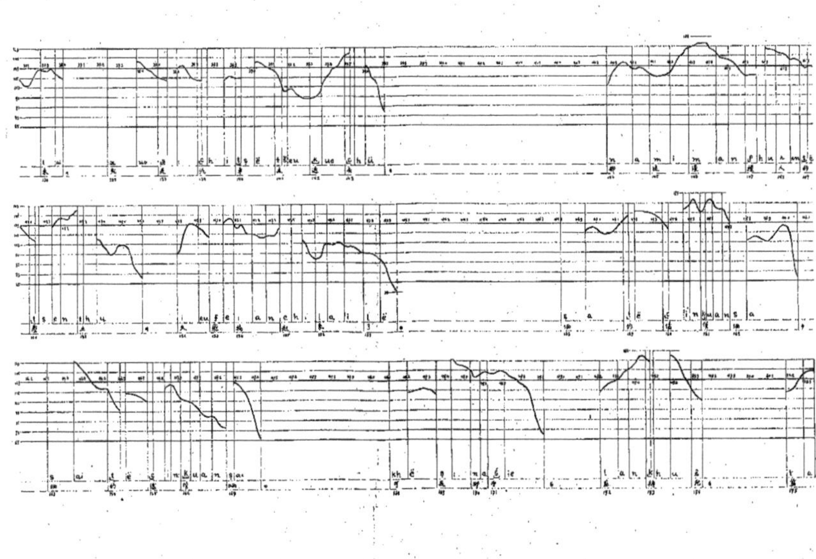

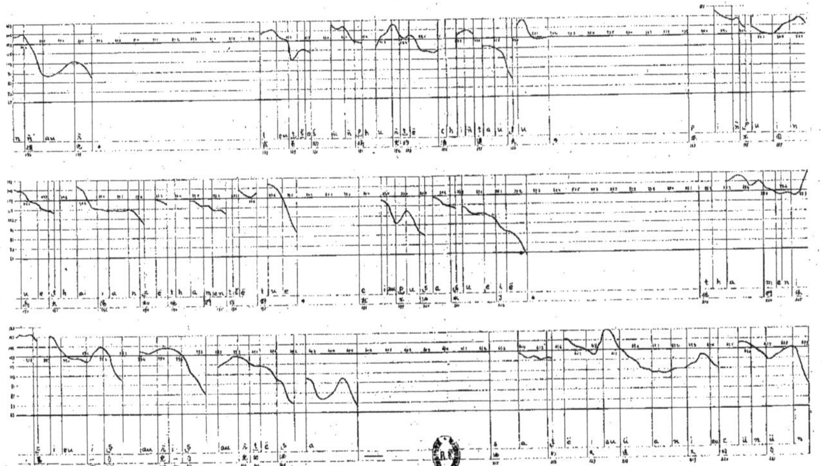

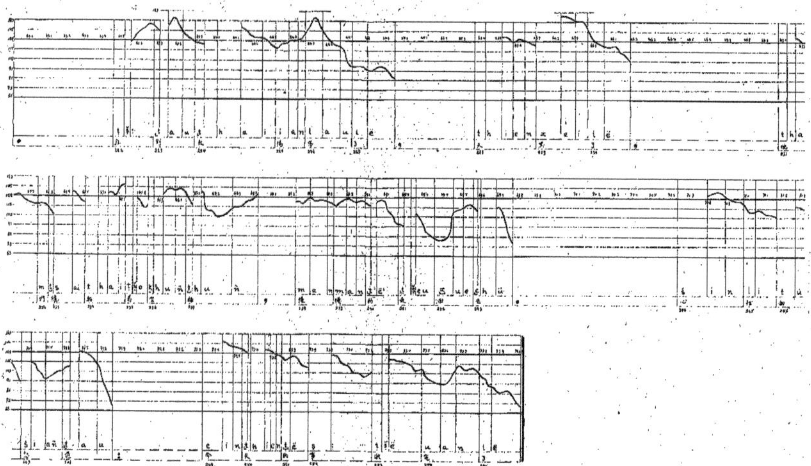

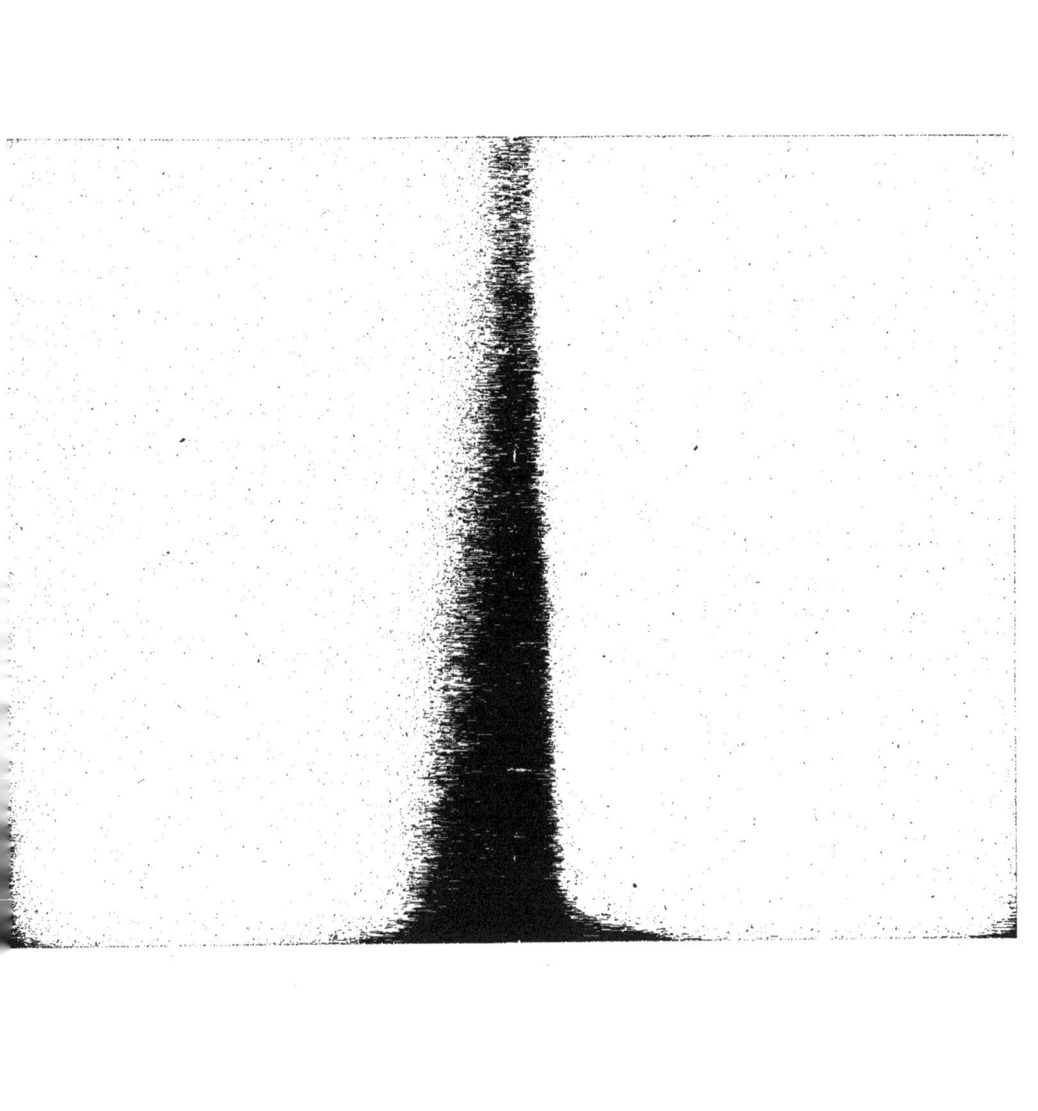

www.ingramcontent.com/pod-product-compliance
Ingram Content Group UK Ltd.
Pitfield, Milton Keynes, MK11 3LW, UK
UKHW020220180726
13838UKWH00005B/2109

9 782329 205991